Katrin Weber

Das
Leuchten
des
Windes

Gedichte

1. Auflage April 2021

© 2021 Katrin Weber

Umschlagfoto: adobestock

Umschlaggestaltung: Tanja Prokop

Lektorat: Karin Fellner

Satz und Layout: Thomas Dibke

Herstellung und Verlag:

BoD-Books on Demand, Norderstedt

ISBN: 978-3-7534-4672-1

*Für alle Seelenpartner
da draußen*

Inhalt

Kindheit

Inkarnation

Doch, wir erinnern uns
in silberglänzenden Meeren
an unsere Heimat zwischen
den Sternen.

Hier ist es genauso still und weit.
Unsere Augen blicken noch klar
in die warmen, umflutenden Wellen.

Und wenn es hell wird
am Ende des Tunnels?
Dann heben uns kräftige Hände
in irdisches Licht

und einen Atemzug später:
der vertraute Engel
des Vergessens.

Ein Mondmädchen

braucht Ruhe. Räume
und ihre Träume. Sie sammelt
die Farben und Schwingungen
einer ganzen Woche
wie Murmeln
vom Boden
ihrer Erinnerungen.

Marienkäfer

Um eine Blüte wandern,
die unendlich erscheint.

Bis ein Windstoß uns streift,
uns befreit und uns wieder
mit dem weiten
Raum vereint.

Tiefgrüne Wälder

Es riecht nach Sommerfeldern,
nach Kiefern, Eichen und
auf ewigen Wiesen grasen
drei Ponys im Wind.

Wir sind bei ihnen gewesen,
ein Vater mit seinem Kind.

Pastelldampfender Sand
wirbelt für immer
um meine Mädchenschuhe
über die ganze weite Erde.

Ich öffne die Hand
und seltsam: Grüne Ruhe
und tiefe Wälder wachsen darin.

Leuchtende Bilder

für Mama

Im Juni
feiert die Sonne den Sieg
und die Sommermelodie
weht weit über die Felder.

Poesie,
wie der blutrote Mohn
sich sanft in den Ähren wiegt.
Es sind leuchtende Bilder.

Beschenkt
vom sternweißen Holunder
und Teelichtern am Abend
finden wir Halt.

Für dich
wünsche ich mir genau dieses Wunder:
Die Kraft eines Junis
– Heilung am Sommerwald.

Das besondere Licht

Beim Hinabschwingen der Treppen,
wenn Morgenstrahlen durch den Flur
fallen wie nirgendwo sonst,

berühren sie mich wie jene,
die unten im Esszimmer warten,
schenken mir so viel Raum.

Grashüpfer

Durch Butterblumen
seitlich die steile Bergsommerwiese
hinabrollen, schwindlig toben und
springen in Kreisen,
das Gleichgewicht halten,
mit geöffneten Armen
die Weite erfahren,
löchrige Leggins,
kühle Knie,
den Sprudel teilen
und uns an den warmen
Händen halten.

Harmonie

Ein kleines Mädchen
sieht die Feuerwanzen
vor sich über den Feldweg krabbeln,

sie bemerkt zwei Fahrradspuren,
die sich im Sandstaub kreuzen,
und blickt suchend

hinter jeden dritten Wacholderstrauch.
Dem Himmel ist sie näher als wir,
der Erde aber auch.

Kinderseele

Mit der Urkraft eines Dschungeltigers,
die lebendige Erde unter den Füßen,
galoppierte ich durch den Wald und

las die Stimmungen meiner Eltern,
ohne die Worte zu haben, kannte
ich ihre Gefühle besser als sie.

Rotkehlchenmädchen

Ich folge demselben
Weg noch entlang, ich
höre die Buchen, ihren

Gesang, ich sehe die Enten
die Küken beschützen
und dann:

Ein Rotkehlchenmädchen
springt auf den Weg, und ich
liebe, wie sie dort steht.

Kleine Raupe

Damals gehörten die Wolken mir
und jedes Senken der Sonne
hinter der Weide.

Den Lauf des Mondes verfolgte ich genau:
Im Dezember stand er oben über dem Haus
und im Juni wanderte er vorm Fenster geradeaus.

Mit Fingerspitzen über Raufasertapeten
ließ sich gut Geschichten schreiben,
umgab mich ein schützender Kokon?

Still war es manchmal schon
in diesem Vakuum aus Seide,
doch ich ruhte darin zufrieden,
wohnte ganz in mir selbst.

Eine weise Seele

Als ich noch klein war,
wanderten mein Vater und ich
einen verschlungenen Waldweg hinauf.

Wir erreichten Druideneichen,
ich sah die Stille im tauweichen Moos,
Morgennebel um Wurzeln und Gras.

Waren Waldohreulen im alten Geäst
zurück von der Jagd, um zu schlafen?
Mein Vater klopfte kräftig an den Stamm.

Eine der großen Eulen entwich –
ganz ohne Hektik oder Geschrei
flog sie leise an uns vorbei.

Weißer Traumfänger

Erinnerst du dich an den Nachmittagsmond?
Er spielt Federball mit den Wolken

und wirft uns Stunden zu,
in denen keine Uhrzeit existiert.

Beschützt

Trotz manchem Kummer begegneten mir
das Lächeln meiner Mutter
in windverwehten Haaren,
der ermunternde Blick meines Vaters
über blätternden Händen.

An kalten Tagen hielten
sie mich warm am Kamin,
wie ein Rotkehlchen wurde
ich mit Brot gefüttert
in jenem Haus am Waldrand,
das es heute noch gibt,

eingebettet in die Stille des Windes,
die ich besonders gut höre,
wenn ich die Fenster nach innen öffne.

Pianissimo

Dort, ein Mädchen vor dem Klavier
und zwei Kerzen aus graublauem Moll:
Sie spielt die klaren Herbstnächte,
in denen das Laub auf die Schultern fällt,
immer weiter leuchten die Tasten
durch die Jahre, die Wimpern
werden niemals feucht,
doch die Töne
heller und heller.

Manchmal,
wenn der Wind heult

wenn er kreisend über dürre Gräser
im Innengarten fegt,

wenn sich die Dämmerung
in uns verdichtet,

trägt die Zukunft einen Klang heran,
berührt etwas, das im Zentrum steht.

Seelenpartner

Meerjungfrau

Manchmal fühle ich mich
wie eine Meerjungfrau,
geheimnisvoll und wild,
allein und unverstanden
von der manifesten Welt
durchschwimme ich das Meer.

Es ist Gott, der immer zu mir hält,
und trotzdem ist es schwer,
mit Korallenketten um den Hals
mir eine Wirklichkeit zu weben,
in der ich überleben kann.

Doch dann fühle ich die Wellen
und weiß um meine Zukunft
und spüre den Atem des Lebens.
Und entgegen aller Vernunft
erkenne ich: Nichts ist vergebens.

Die dunkle Nacht der Seele

Still und ganz natürlich
wandert der Mond durch die Nacht,
doch ich habe viele Fehler gemacht.

Kann der Mond mir denn versprechen,
wenn er einfach weiterzieht,
dass das Richtige geschieht?

Wenn ich zu den Sternen blicke,
wenn der Wind so leise weht,
fühl ich mich als Teil von allem,
angenommen und geliebt.

Bald geht diese Nacht zu Ende
wie nach einem langen Traum.
Mit dem Morgen kommt die Wende.

Dass die Sterne still verblassen,
heißt, von nun an frei zu sein,
all das hinter mir zu lassen.

Lebenskreise

Plötzlich zieht das Leben Kreise
und es ergibt alles einen Sinn,
weil ich bei dir zuhause bin.

Deine Worte, klare Sterne,
flammen voller Lebenskraft,
was ich alles von dir lerne!

Sommerliche Gartenwindräder:
So drehen sich die Lebenskreise
von den Menschen auf der Erde.

Wie kostbar das Leben in uns
und wie zwingend die Sehnsucht,
sich weiter und weiter zu drehen

zu den Rhythmen des Universums.
Es kehrt alles zurück und kommt wieder
und in allen Dingen schlafen Lieder.

Bevor wir uns trafen war ich isoliert,
habe die Lieder der Menschen nicht gehört.
Doch ich bin auch ein Teil dieser Welt

und ich sehe es jetzt wie zum ersten Mal:
Es leben Elfen in den Blumen!
Es atmet das Leben überall!

Weißes Schloss

Fast fünfundzwanzig Jahre
warst du mein Quartier,
als Rosentochter, Turmprinzessin
lebte ich in dir.

Du fragst, wo ich nun bin,
wenn der Wind die Blüten
allein durch deine Pforten weht
und um die Giebel wütet.

Ich werde dich vermissen.
Nicht so sehr die weiten
Marmorräume oder
deine anschmiegsamen Kissen.

Doch das Leuchten, das im Garten liegt:
den Ort der Kinderträume.
Jetzt ist mein Zuhause ein Ort,
den es erst in der Zukunft gibt.

Unabgeschlossen

Manchmal öffnen wir das Fenster
und schließen gleichzeitig die Augen,

um mit den Leinenvorhängen
jene Dinge zur Seite zu schieben,

die uns ständig den Blick verhängen
und auf die wir keine Antwort finden.

Licht

Erzähl ich dir die Sorgen,
erhellt sich mir die Welt.

Das Licht war nur verborgen -
du hast es zurückgeholt.

Herzstück

Gib mir einen Karneol,
rote Nelken aus deinem Garten,

lass uns heute draußen schlafen
unter den Plejaden

und ich schenke dir
mein Herz.

Dort

Wo der Wind
die Rosen streift
und die wilden
Wurzeln wuchern,

wo meine Wimpern
den Tag ertasten
und Maßliebchen
nach Sonne suchen,

dort, zwischen
dein und mein,
da sind wir
nie allein.

Schon lang

liegt auf dem Nachttisch ein Brief,
der niemals versendet wurde.

Stell eine Kornblume hinzu,
hauche ein Du auf den Umschlag.

Meine Hand ist bereit für
ein letztes Komma.

Das Leuchten des Windes

unter deinem Kinn
sonnenglitzernde Haare,
Ohrringe aus Citrin.

Die Magie um uns

Unruhige Gedanken
tauchen ins Flussbett
zusammen mit dir.

Wie selten du bist,
graziler Vogel
in Seidenweiß.

Auf einem Bein ruhend
bannst du den Alltag
und hebst die Schleier.

Du scheinst mehr zu wissen als wir
und gibst es einfach her.

Schön, dich hier zu treffen,
du weißer und *weiser* Reiher.

Unter schwereren Zeichen

Dennoch die gleiche Fülle an Obst.
Die Zeit steht,
als der Wald uns traut:
Wir schreiten gemeinsam
durchs zeitlose Laub.

Novembertage

Trüb und grau ist der November,
doch schau dort: Das Kerzenlicht
und der Postkartenkalender
malen Farbe, Zuversicht.

Leuchtend kann das Leben sein,
die Kälte soll uns nicht verstören,
die Winde wehn an uns vorbei,
solange wir uns sanft berühren.

Von furchtgedachten Nebelgeistern,
von Schwermut und Melancholie
lassen wir uns nicht bemeistern.
Umarm mich noch mal, mon chéri.

Novemberraunen

Im Knistern der Blätter
leuchten goldviolette
Sankt-Martins-Laternen.

Nebel schichtet sich
nachts auf die Straßen
und über die Dächer.

Aus fremden Welten:
Worte und Stimmen
und Bitten der Ahnen.

Noch

Noch bist du da,
ich laufe durchs Haus,
das Essen wird gar.

Die Tage verfliegen.
Wie herrlich, nachts
bei dir zu liegen.

Die Seherin

vergisst nicht eine Prophezeiung,
denn bisher haben sich alle erfüllt.

Nachts entfalten sie sich
wie Schriftrollen vor ihrem Geist.

Tags reisen sie mit
in ihrer Umhängetasche.

Jedes Zukunftsbild wiegt schwer,
warum muss sie es schauen?

Weder kann sie die Zeichen ändern
noch kennt sie den genauen Ort.

Kann sie etwas bewirken?
Gott schweigt sich aus.

Distelfalter

Ich bin nicht nachtragend,
solange du es ernst meinst,
verzeih ich dir mit

dem nächsten Flügelschlag.
Schmetterlingsaugen sehen
das Leben in Ultraviolett,

trotzdem sind unsere Flügel zart,
berühre sie nicht.

Trennung

Wo fast der Frühling beginnt

Warum sind die Birken so traurig?
Sie wehen im eisigen Ostwind.

Die Krokusse, lebendig und zart,
verleuchten ihr Lila am Abend.

Schwer legt sich eine Stille
über das ganze Land.

Noch vor den ersten Frühlingstagen
trennen sich unsere Wege.

Wie der Winter hören wir auf.
Doch so sicher, wie Knospen

von Rosen im Sommer aufgehen,
wird meine Liebe mich immer begleiten

und blühen.

Glühen

Wie kann ich jetzt gehen,
wo ich doch noch glühe,
wo ich doch erblühe
wie die Apfelblüten hier
und du gehörst doch auch zu mir,
du hältst ja halb noch meine Hand,
auch du hast mich zuvor gekannt.

Niemand brachte die Knospe zum Blühen,
niemand machte die Schatten fliehen,
niemand vor dir, nicht in all den Jahren,
durch dich erst durfte ich alles erfahren
und soll nun wie in frühen
Tagen allein weiterziehen?

Ich lasse dich los
und weine um dich,
um ein Leben mit dir.
Wie kann ich jetzt gehen,
du glühst noch in mir,
wie soll ich verstehen,
als offene Blüte
weiter zu wehen?

Nach einer großen Liebe

Wenn nach einer großen Liebe
mein kleines Herz gebrochen ist,
erlaub ich mir für einen
silberlangen Mondaufgang,
zu heulen wie
ein Seehund auf der
flutgespülten Bank,
bis dann
ein anderer Morgen
mich beschwört,
dass ein Weg
zurück ins Leben
führt.

Verlust

Die Nordsee tobt
und reißt ein Strandherz aus
Macomangulus-Muscheln
mit in ihr Schwarz.

Sie nimmt auch
den Knotentang zurück,
der sich im Rosa
verfangen hatte.

Der verlassene Strand
beginnt noch mal neu.

Tiefpunkt

Ich kann nicht mehr viel weiter
durch die Wüste.

Selbst dein Schatten brennt
in meiner Kehle.

Lass mich
etwas Hoffnung trinken
vor dem nächsten Sandsturm.

Borge mir
deine Tränen. Trage mich.
Und hülle mich ein

in das Versprechen
auf ein Leben.

Dunkle Sterne

Ich suche mich
wieder und wieder
zwischen den Schatten
der dunkelsten Sterne,

bis ich mich finde
im schimmernden Wasser
der Vollmondnächte
- bin ich noch dieselbe?

Mit Feuertinte geschrieben

Der Garten hat mich
nach einer Kaskade grauer Tage
eines Morgens überrascht:

Als die schweren Rollläden
hochgezogen waren
und die Sonne noch blendete,

kletterte dort eine Feuertrompete
hitzig einen Baum hinauf
wie für den Auftakt eines Liebesromans.

Sie hält sich seitdem dort fest
und weckt mich jeden Morgen
mit ihren ausladenden Blüten,

erinnert mich kräftig daran,
sich an den Tag zu verschenken,
andere Stifte zum Schreiben zu wählen.

Unterwegs

Stille spricht,
während ich warte
auf den Zug zurück zu mir.

Sie umgibt
Gräser und Pappeln,
schwebt über den Gleisen

und erlaubt
nicht eine Träne,
nicht einen Gedanken an dich.

Sie ist
die eine Stille,
die größer ist als du und ich.

Durch Räume und Zeiten

Im Wald werden die Blätter bald bunt.
Zyklisch verfärben sich Laub und Land:
Abschied und Schönheit Hand in Hand.

Die Wärme des Sommers hüllte uns ein,
verschenkte Clematis und Akeleien.
Sie sagen uns: Du bist nicht allein,

nicht in der Kälte und unter den Bäumen,
die den Rand deines Lebens säumen,
nicht in der Nacht und auch nicht am Morgen,

wenn du voll Sorgen erwachst oder müd.
Du wirst begleitet von deinen Sternen,
selbst nach ihrem Schwinden in den Fernen

des Alls, wenn ihr Leuchten (langsam) verglüht,
hüllt es dich ein durch Raum und Zeit
und sagt: Ich bin das Licht, das bleibt.

Grenzenlos

Aus der Stille weht manchmal ein Wind,
Wind einer unerschöpflichen Welt.

Er fängt unseren staunenden Blick,
öffnet das lang verschlossene Tor.

Getragen von der Bö
stellen wir uns dem Weg,

begrüßen den lichten Wind,
dessen Kinder wir sind.

Nah am Boden

Manchmal bin ich eine Erdbeere
nah über dem Waldboden,
die jedes Mal schaukelt,
wenn sich Schritte nähern,

die innerlich mitgeht, errötet,
sich darüber freut,
wenn jemand anhält und hinschaut,
ihre weißen Blüten bemerkt.

Reifezeit

Fragend klopft der Regen aufs Dach,
mischt sich ins Rauschen der Autos.

Im seidigen Nebel vor dem Haus
verharren Ideen.

Ob die tropfenden Quitten
im Garten sie beschützen?

Heilung

Und die Märzenwinde
kamen und gingen.
Und die Welt
erholte sich.

Die Amseln begannen
wieder zu singen.
Und die Kraft aus der Erde
ging auch durch mich.

Und Licht und Wärme
eröffneten die Blüten.
Und duftende Fülle
lag in den Herzen.

Vielerlei Farben
erfüllten die Gärten,
jetzt, da die Sonne
erneut gewann.

Und die lichte Zeit
brach an.

Für die Ewigkeit?

Mit schweren Taschen stürmt mein Herz
den Eingang. Es spricht von dir.

Du berührst es, wenn du mich umarmst.
Und trägst dann meine Koffer in deines.

Mein Herz will dir heut Nacht
ein Blütenkissen sein,

bestickt mit Träumen
so vieler Inkarnationen.

Ich möchte bleiben.

Die Jahre mit dir

Unter dem Kirschbaum

Zwei Worte, sie klingen
wie Kirchenglocken
aus einem anderen Leben:
„Du mein."

Und das Leben atmet
zwischen den Zweigen
unter den dichten Wimpern
deiner Seele ein.

Kleiner Hauszauber

Küchenherd und Kachelofen
sollen sich entzünden,
so dass Speis und Trank und Atmosphäre
jetzt in dieses Haus einkehre!
Bratkartoffeln und Laternen
sollen diese Räume wärmen.
Und du, mein liebes Hundetier:
Hab die Türe im Visier!
Das Häuschen soll stets sicher sein
bei Kerzenschein und Wein.

Bei offenem Fenster

Sie hängen dort
draußen im Garten
im Rosenblütenwind:

Träume auf der
Wäscheleine, die längst
schon keine mehr sind.

Bernstein

Wie warmer Bernstein
brech ich das Licht,
verbrenne vergangene Wege.

Die harzigen Seewinde
stören mich nicht,
ich atme und spüre nur dich.

Wir glühen auf der Seebrücke
neuen Horizonten zu
und mit den Fingern zeichnest du

honiggelbe Federwolken
auf meinen Arm. Du hast
mich vom Meeresgrund gefischt.

Welle und Perle

Die Schatten von früher
bemerken mich nicht,
ich halte mich versteckt
im Blau deiner Augen
und glänze dort.

Diamantstaub

Wenn ich Buchweizenbrot
backe, die Küchenkräuter
fein hacke, denke ich:

Was ein Symptom
uns verrät, ein einziger
Blick erzählt.

Deine Gedanken
gingen stets tiefer – wie ein Rezept,
das man schon schmeckt.

Ein Kohlenstoff
braucht zum Wachsen Äonen –
was für Zeiten, was für Lektionen.

Blickdiagnose

Es kommt vor, dass ich die Zeichen deute,
ohne Einladung und unbewusst,

doch wie oft muss ich schweigen
wie heute, muss übersehen

Mitralbäckchen, weinrote Dystopie,
ungleiche Pupillen, Anisokorie.

Die Menschen möchten vermeiden,
doch die Zeit kümmert es nicht.

Manchmal schafft Wissen
auch Leiden.

Aus der Praxis

Es gibt Menschen, die
tragen ewig
mir dunkle Worte
über den Tisch.

Keine Panik, ich werde sie
sammeln, durchleuchten
und dechiffrieren.

Und etwas finden, ein
Sonnwendkraut binden,
dich begleiten auf der Reise
bis nach Haus.

Kleines, weiches Geheimnis

Die Dinge von
früher sind meistens
im Keller:

Die Kleider in
vergangenen Farben,
die Baumwollshirts,

die mag ich noch
anziehen, wenn
keiner mich sieht.

Mittagspause

Unter pollenfliegenden
Felsenbirnen:
Zwei Bücher,
du und ich.

Kurzzeitvergnügen,
bis ein Anruf
dich ins Haus holt.

Du stürmst
wie ein Löwe
in wilder Prärie,

die Brille bleibt liegen.
Ich wasche und trockne
und bringe sie dir.

Zauber

Der Sommer liebt
den Wind,
ein Segelboot
das Meer,

Salzluft umschwebt
das Kind,
das Abendrot
liegt schwer
auf seinen Locken,
die sich leise wiegen.

Auf den Hängen
läuten die Glocken
der Ziegen,
als ob die Himmel sängen.

Feuersalamander

Hinter meinen Lidern
blitzen kretische Sterne,
durch dünne Laken
springen die Wellen
in meine Augenwinkel.

Ein bisschen Sand
klebt an meinen Gedanken,
sie gehören mir nicht mehr,
sie gehören dem Feuersalamander,
er bewohnt die heißen Klippen,
hütet die goldenen Dünen.

Der Morgen steigt auf
am südlichsten Strand.
Ich atme ein:
dein Feuer, dein Leben.
Alltag und Zukunftssorgen
hast du gleich verbrannt.

Eine Erkenntnis auf Kreta

Die Bougainvillea singt purpurn
über das griechische Meer,
ihre Blätter berühren
verschlungene Gassen in mir.

Aus dem Wein blühen Beeren,
glühen zwischen uns auf,
umschweben die Konturen
schaumweißer Häuser im Dorf.

Sonne und Mond: beide tanzen
auf unseren Lidern, verbinden
mein wildes Herz mit deinen Gedanken.

Wir strömen wie Segelschiffe leicht
durch Lichter, Weite und Wellen,
in denen wir atmen.

Wahrhaftig: *Du* bist mein Hafen.

Südkretische Berge

Zwischen den Tälern südkretischer Berge,
die, olivengesäumt, sonnengeküsst,
die stillen Wächter des Meeres sind,
fliegen die Vögel noch wild und frei.

Sie erkennen in allem Leben Feind oder Freund,
glühende Sonne auf kühlender Erde,
Himmel und Land sind ihnen vertraut.

So wie die Berge, zu denen zu allen
Zeiten das Meer aufschaut.

Aus bebenden Meeren

Wir kommen alle
aus bebenden Meeren,
dem Wasser des Lebens,
das uns gebar.

Noch heute sind sie
zwischen den Zellen,
immer noch in uns
ganz nah.

Deshalb schmeckt sie
auch so salzig:
die Enttäuschung – die Träne,
die weiß, was sie war.

Lebensspiel

Auch die stärkste Welle
im tiefsten Meer
bewegt sich zwischen Licht und Schatten.

Sie hält die Balance
und ist doch immer getragen,
genau wie wir.

Schaumweiße Muscheln

Meine Fingerspitzen zeichnen
die welligen Rillen nach,

ich war eine fleißige Möwe,
habe nach ihnen getaucht,
sie alle am Strand aufgereiht.

Wie gerne wäre ich geblieben,
hätte mich einfach als Teil der Natur
für immer dem warmen Sand verschrieben.

Heidelbeermorgen

Schon warm am ersten
Heidelbeermorgen,
den der April
uns unverhofft schenkt,

drum mag ich mir deinen
Sonnenhut borgen,
du fragst nach meinem
letzten langen Traum.

Da lese ich mit
gespannten Augen
die Pläne des Tages
von deinem Mund.

Du hältst mich

indem ich
dir meine wirren
und zweifelnden
Gedanken nennen darf

und du sie
ein Stück für mich
trägst.

Lieblingsbuch

Dort liegt ein Buch
auf dem Kissen neben dir.
Du darfst mich lesen
und durch meine
Gedanken blättern,

weil ich deine Berührung mag
und deinen Geist schätze,
weil du gut mit mir umgehst
und du meine Geschichte
immer noch liebst.

Unsichtbare Grenze

Manchmal stoßen wir
im freien Flug
gegen hartes, kaltes Glas

und fragen uns,
warum wir nicht einfach
in jenen anderen Raum

gelangen können,
der so klar
vor uns liegt.

Du öffnest die Felder

Nur das Streichen
deiner Hände über meinen
kann am Abend
den Tag noch heilen.

Wie Mondscheinwolken
wandern sie langsam,
geben das Licht
frei für die Nacht.

Erwachen

Still werden, abends.
Im Dunkeln des Tages
verschwimmen die Umrisse der Eichen
und unsere Grenzen zur Welt.

In diesem Moment
flimmert ihre und unsere Essenz
als einziges Licht vor dem Wald.
Unterschiede verblassen.

Morgens

gleiten meine Fingerspitzen
über die Tastatur. Fallanalysen schreiben
zwischen 9 und 11 Uhr.

Der Latte macchiato
aromatisiert den Raum.
Dann fällt Schaum auf die Maus.

Du sagst: Keine Sorgen. Du
studierst mich gern, wenn ich schreibe.

Du liebst mich kleine Chaotin,
sagst du, sogar schon am Morgen.

Geheimnis

Es war die Zeit des wilden Mohns:
glutrotes Licht an
geflochtenen Weizenzöpfen
stupsend und streichelnd,
jede Nacht.

Hundstage

In meinem sommerleinenen Kleid
trägt mich die Hitze
bis tief durch den Wald.

Ich glaube, ich springe
mit Phlox und Sonnenbraut
in deine Arme, dir auf den Schoß.

Still – es gibt nichts zu stöhnen,
dies ist mein Recht!
Weil die Sonne ihr Feuer mit Sirius tauscht.

Gartenelfen

helfen den Pflanzen beim Wachsen,
manchmal verlieren sie ihre Mützen
oder lassen die Stiefel im Weißdorn zurück.

Sich vor einer Eiche zu verneigen,
kann manchmal schon helfen.
Sind wir denn größer als sie?

Sommernacht

Die schmale Mondsichel trinkt
Kirschsaft, bevor sie schläfrig
den Garten verlässt.

Es wird dunkler.
Die Obstbäume atmen,
gestikulieren, formen ein Wort.

Fedrig

Berührt ein Stück Waldmoos meine Schläfen?
Es sind deine Lippen, Morgenglück
aus einem Sommer, als sich Farn
um dein Handgelenk rankte.

Wir lagen auf humusreichem Boden
nebeneinander und zeichneten
Muster in die dunkle Erde,
die bis heute gültig sind.

Septemberwolle

wird aus rosegoldenen
Sonnenspitzen gewonnen,
aus kupfernen Blattadern
und flammenden Distelköpfen.

Sie hängt sich bei uns ein,
wenn wir neben Bächen radeln
und die Luft nach Eicheln riecht.

Aus ihr weben wir daheim
warme Winterkleider.

Ein Samstag im Oktober

Wir lüften die Betten wie ein Geheimnis.
Der Tag gehört uns.
Frische Erde, klare, kalte Luft,
an deiner Hand, geborgen,
öffnet sich der mir vertraute Wald,
der in deinen Armen
doch wieder
ganz anders riecht.

Fragen an den Wind

Ist alles vorherbestimmt?

Du wirbelst Lindenblätter
wie Orakelkarten durch meine
halb geöffneten Hände,

stehst noch mit den Häfen in Kontakt,
kennst alle bald auslaufenden Schiffe,
hast sie gründlich geprüft.

Den frischen Lack trägst du heran,
Erinnerungen an Bismarckhering,
an Fahrradwege auf der Insel.

Wir könnten alles stehen
und liegen lassen, verreisen.

Ich bin die Eule

die nächtelang fliegt:
von Buchstabe zu Buchstabe
über die holzig riechenden Seiten.

Ich bin die Nachteule,
die dich beobachtet,
wenn du längst schläfst

jage ich die stillen Minuten,
gehöre nur dem Mond
im Wald meiner inneren Welt.

An einem Weißdornhag
entlang wandernd

schenkst du mir die Federn
des Himmels,

die roten Früchte
verheddern sich
in deinen Haaren.

Du hast diesen Pfad für uns entdeckt,
die Sommerhügel,
den Blick auf die Schafe.

Und Sonne liegt
in deinen Armen,
so viel davon.

Das Geheimnis des Lichts

Hell wirbelt Amberlaub
über Terrassenstufen,
aus hohem blauen Pastell
stürzen Sonnenfluten.

Erinnerst du dich an solche Tage?
Wenn alles leuchtet, als tanzten Photonen
miteinander durch die Luft.
Ich glaube, sie laden uns ein.

Mein Terrier will in den Park:
laufen, schnuppern, scharren.
Heute folge ich dir.
Du zeigst, wohin wir gehen.

Im Muster der Birken und Buchen
atme ich tiefe Ruhe,
Sonne umhüllt meine Zellen,
ich spüre, wie sie in mir spricht.

Denn obwohl wir keine Bäume sind,
sprudelt in uns
dasselbe Licht.

Ein Hagebuttentee im Herbst

wärmt mich an einem Freitag,
an dem ich allein zuhaus
an viel zu viele Dinge denke

und fortpacke,
was nicht mehr in diese
Jahreszeit passt.

Der Oktober hält dagegen

Doch das große, alljährliche Sterben
können die Kürbisfelder nicht verbergen.

Zuhaus krabbelt eine Biene die Tischkante entlang,
summt vielleicht zum letzten Mal.

Der Terrier beobachtet den ersten Herbststurm,
der über die Terrasse fegt, Schuhe umweht.

Ein Tag bedeutet
für eine Fliege ein Leben.

Wenn das
Sommergrün verblasst

umgibt die Stadt ein weiches Rot.
Der Feuerdorn verstrahlt
den Rest der Sonnenkraft.

An den Eingangstüren bitten
Hagebuttenkränze uns hinein,
Weinreben ranken wie Fragen.

Heute war der letzte Freibadtag.
Die Sonne und die Luft
umgaben dich mild.

Du bist atemlos geschwommen.
Kann denn etwas enden,
das bald schon wiederkehrt?

Wie lang müssen wir warten?
So lang wie die Zwiebeln am Feld.
Und was können wir alles gestalten,
in diesem Kreis, der uns gehört!

Lichtgeflüster

durch hohe Buchen
und vereinzelte Birken

führt mich auf
verschlungenen Wegen zu mir,
das Morsen wird nur vom
Schrei einer Elster durchbrochen,

dann nimmt es blinkend
den Code wieder auf,
kurz, lang-kurz, kurz:

Ich liebe dich,
so wie du diese Wege.

Nachts

sitzt der Mond
zwischen den Lärchenzweigen,
schaut uns zu,
spielt Verstecken.

Daneben glänzt Jupiter
durchs Dachfenster,
vor dem eine kleine
Eisblume wächst.

Über die Autorin

Katrin Weber, *1986, hat sich schon als Kind für das Universum, Mystik und Philosophie interessiert. Sie liebte es früh, Geschichten und später Gedichte zu schreiben. Fasziniert von dem feinstofflichen Wesen, das allem zugrunde liegt und das auch uns ausmacht, schreibt sie begeistert über diese Verbundenheit zu den Kräften der Natur. „Das Leuchten des Windes" ist ihr erster Gedichtband.

Weitere Infos auf:
www.katrinwebergedichte.de
oder auf Instagram:
@katrinwebergedichte